EU SOU O ÚNICO RESPONSÁVEL

Editora Appris Ltda.
1.ª Edição - Copyright© 2025 do autor
Direitos de Edição Reservados à Editora Appris Ltda.

Nenhuma parte desta obra poderá ser utilizada indevidamente, sem estar de acordo com a Lei nº 9.610/98. Se incorreções forem encontradas, serão de exclusiva responsabilidade de seus organizadores. Foi realizado o Depósito Legal na Fundação Biblioteca Nacional, de acordo com as Leis nᵒˢ 10.994, de 14/12/2004, e 12.192, de 14/01/2010.

Catalogação na Fonte
Elaborado por: Dayanne Leal Souza
Bibliotecária CRB 9/2162

O488e 2025	Jordan, Leo Eu sou o único responsável / Leo Jordan. – 1. ed. – Curitiba: Appris, 2025. 57 p. : il. ; 21 cm. ISBN 978-65-250-7293-7 1. Fé. 2. Perseverança. 3. Deus. I. Jordan, Leo. II. Título. CDD – 211

Livro de acordo com a normalização técnica da ABNT

Appris
editora

Editora e Livraria Appris Ltda.
Av. Manoel Ribas, 2265 – Mercês
Curitiba/PR – CEP: 80810-002
Tel. (41) 3156 - 4731
www.editoraappris.com.br

Printed in Brazil
Impresso no Brasil

LEO JORDAN

EU SOU O ÚNICO RESPONSÁVEL

artêra
editorial

Curitiba, PR
2025

FICHA TÉCNICA

EDITORIAL	Augusto V. de A. Coelho
	Sara C. de Andrade Coelho
COMITÊ EDITORIAL	Marli Caetano
	Andréa Barbosa Gouveia (UFPR)
	Edmeire C. Pereira (UFPR)
	Iraneide da Silva (UFC)
	Jacques de Lima Ferreira (UP)
SUPERVISORA EDITORIAL	Renata C. Lopes
PRODUÇÃO EDITORIAL	Bruna Santos
REVISÃO	Marcela Vidal Machado
DIAGRAMAÇÃO	Bruno Ferreira Nascimento
CAPA	Dani Baun
REVISÃO DE PROVA	Ana Castro

PREFÁCIO

A construção de um caminho ocorre por meio de muitas etapas. São momentos vividos, situações enfrentadas que transformam nossa maneira de pensar e agir. É um emaranhado de fatos que, muitas vezes, nos faz desviar do propósito, levando-nos a acreditar, erroneamente, que é o fim. Contudo, são justamente esses momentos que nos conduzem a grandes descobertas e aprendizados.

Este livro foi escrito para que você compreenda que não é um acidente de percurso. Você foi planejado com cuidado e amor. Nos momentos mais difíceis da vida – quando enfrentamos perdas, doenças ou quando a vida financeira se torna um caos – é desafiador perceber o cuidado de Deus conosco. É justamente essa esperança que Leo Jordan deseja reacender em seu coração por meio dessa leitura.

Deus está com você em qualquer lugar, em todos os momentos e em quaisquer circunstâncias. Ele jamais nos abandona. Permita-se sentir o toque e o carinho de Deus através desta leitura transformadora.

Tatiane Dantas

SUMÁRIO

CAPÍTULO 1
EU SOU ÚNICO RESPONSÁVEL 9

CAPÍTULO 2
OS 5 ERROS QUE ME LEVARAM À DIREÇÃO CONTRÁRIA AO PROPÓSITO QUE DEUS JÁ TINHA TRAÇADO PARA MINHA VIDA .. 11

CAPÍTULO 3
O COMEÇO 13

CAPÍTULO 4
O JOGO 15

CAPÍTULO 5
MENTIRAS 23

CAPÍTULO 6
COLHEITA...27

CAPÍTULO 7
ARREPENDIMENTO...29

CAPÍTULO 8
MENTIRA TEM PERNA CURTA.................................31

CAPÍTULO 9
PIOR SEMANA DA MINHA VIDA 33

CAPÍTULO 10
FUNDO DO POÇO..39

CAPÍTULO 11
RECOMEÇOS 41

CAPÍTULO 12
EXPERIÊNCIAS COM DEUS.....................................43

CAPÍTULO 13
APRENDIZADO 49

CAPÍTULO 14
NÃO TENHA DÚVIDAS,
VAI VALER A PENA!..51

CAPÍTULO 1
EU SOU ÚNICO RESPONSÁVEL

A maior dificuldade que encontrei para escrever este livro foi imaginar que qualquer pessoa poderia ter acesso ao momento mais desafiador da minha vida e que, de certa forma, todos esses desafios que eu teria que vencer eram apenas consequências das minhas escolhas. Mas, em contrapartida, minha história pode ser uma inspiração para quem está enfrentando um desafio que, na ótica humana, pode ser irreversível.

Pois bem, só parece! Existe uma canção que define bem esse cenário: "Quando o que era difícil se torna impossível, Deus começa a agir. Ele abre sempre uma porta onde não há saída. O impossível faz acontecer"[1].

---

[1] Aline Barros – "Caminho de milagres".

Deus tem o superpoder de nos surpreender e mudar o quadro das nossas vidas, mas o ponto principal que me fez viver essa mudança foi reconhecer que todas as coisas ruins que eu estava vivendo eram fruto das minhas escolhas e ações.

EU ERA O ÚNICO RESPONSÁVEL

Se você estiver enfrentando um gigante, lembre-se de que, de certa forma, alguma das suas escolhas e ações foram cruciais para tal momento e enxergar isso significa que você errou, caiu, mas tudo isso serviu de aprendizado e você está pronto para retomar o controle da sua vida.

CAPÍTULO 2

OS 5 ERROS QUE ME LEVARAM À DIREÇÃO CONTRÁRIA AO PROPÓSITO QUE DEUS JÁ TINHA TRAÇADO PARA MINHA VIDA

1. EGO
2. NÃO RESPEITAR O PROCESSO DAS COISAS
3. FALTA DE IDENTIDADE
4. MENTIRAS
5. NÃO ENTENDER QUE SOMOS RESULTADO DAS NOSSAS ESCOLHAS E AÇÕES

Hoje, com maturidade e discernimento, vejo que durante a minha vida inteira esses 5 elementos me atrapalharam de viver aquilo que Deus tinha para mim. A seguir vou relatar o momento em que me tornei compulsivo por jogos de apostas e o que enfrentei por conta dessa escolha, porém hoje vejo que as apostas foram apenas um meio que Deus permitiu para escancarar as coisas erradas que havia em mim e que nunca consegui enxergar. Então... por mais árduo que esse processo tenha sido, agradeço a Deus por me dar a oportunidade de passar por isso, crescer, aprender e evoluir com tudo.

Antes de contar os detalhes de como minha vida se transformou em um caos, quero afirmar que não existem atalhos para o sucesso. Entender que para tudo na vida existe um PROCESSO e você precisa não só viver, mas também entender que os processos são escadas para alcançar o que você tanto almeja fará com que você não procure formas de pular etapas ou meios de viver aquilo que se espera sem merecer.

TUDO O QUE ENFRENTAMOS DURANTE A JORNADA É FUNDAMENTAL PARA NOS TORNAR QUEM DEUS QUER QUE SEJAMOS.

Você está sendo preparado para viver seu propósito. Só quem suporta o processo vive o propósito.

CAPÍTULO 3
O COMEÇO

Sempre vivi em função de ter aprovação das pessoas e de ser bem-visto por quem me cercava, e por muito tempo tive problemas com a minha falta de IDENTIDADE. Com isso vivi à mercê de status e de manter uma vida acima dos padrões que eu poderia ter. Só consigo enxergar isso hoje, após ter entendido que o único prejudicado em viver assim era eu mesmo.

Naquela época, meu EGO fazia com que eu não me importasse de viver uma vida apenas de aparência, desde que as pessoas acreditassem que aquelas eram realmente as minhas boas condições financeiras.

Vivemos em uma sociedade em que somos pressionados a acreditar que valemos aquilo que temos, e isso acaba nos tornando refém de nosso **EGO e da FALTA DE IDENTIDADE, o que nos leva a não RESPEITAR O PROCESSO DAS COISAS**.

Hoje estou aqui para afirmar que não, você não vale aquilo que tem!

Jamais será o valor que você tem no banco, ou do carro com o qual você anda, ou do cargo que você tem na empresa, ou até mesmo da quantidade de seguidores que você tem nas redes sociais que vai definir seu valor.

Deus ama tanto você que deu o seu maior tesouro para estar com você: seu único filho, Jesus. Cristo morreu e ressuscitou para que você conheça o amor de Deus. Amor que restaura, corrige e transforma sua vida.

"Foi assim que Deus manifestou o seu amor entre nós: enviou o seu Filho Unigênito ao mundo, para que pudéssemos viver por meio dEle" (**1 João 4:9**).

Saber que o criador me ama da forma que eu sou me traz o conforto de também saber que não preciso fingir ser alguém ou ter algo para ser amado ou aceito pela sociedade. O maior amor do mundo já me alcançou e ainda me chama de filho. Isso também é para você!

E eu só entendi isso quando perdi tudo e não restou nada, então Deus veio ao meu encontro e não me deixou desistir nenhum dia de viver, me trouxe a esperança de saber que com Ele o quadro da minha vida não só seria transformado, como também Ele usaria meu recomeço para transformar outras vidas.

Meu Deus! Obrigado por, mesmo com meus erros, o Senhor não ter desistido de mim.

Ser amigo quando alguém só acerta é fácil demais, difícil é estender a mão quando a pessoa erra e comete falhas. Quase sempre somente Deus e nossos pais que estarão lá nos dando forças.

Entende que aquilo que você vive em função, no final, nem vai importar?!

CAPÍTULO 4
O JOGO

Sempre acompanhei futebol e, por gostar muito, fiquei interessado quando surgiu a oportunidade de mudar de vida por meio de apostas esportivas, porém não sabia que isso se tornaria um vício incontrolável.

Acredito que todas as pessoas que têm problemas com vício, seja ele qual for, tenham na verdade um problema interior, que antecede o vício.

Muitas vezes se trata de um vazio ou algo que buscamos preencher com algo momentâneo. No meu caso, entendo agora que os 5 pilares que faltavam em mim foram cruciais para me destruírem quando entrei para o mundo das apostas esportivas.

No começo apostava por diversão e até brincava com alguns colegas falando o quanto tinha perdido e quanto tinha ganhado, porém, quando coloquei no coração que iria ficar rico por meio das apostas e comecei a apostar valores que não poderia perder, me compliquei muito pelos seguintes motivos:

1. Por viver uma vida de status e gastar mais do que ganhava, sempre vivi no vermelho. Meu salário era relativamente bom, mas por falta de gestão financeira e por querer

viver uma vida de status eu gastava descontroladamente comprando coisas de que não precisava, só para postar nas redes sociais as minhas conquistas. Loucura! Porém eu vivi anos dessa forma e, com as perdas recorrentes devido ao jogo, tudo pioraria em questão de tempo.

2. Cheguei a um estado em que estava tão viciado em apostar, e como já não tinha mais o que perder, comecei a comprar instrumentos musicais parcelados por um "valor x" e vender pela metade do que eu iria pagar só para conseguir continuar apostando.

E assim fui "tocando o barco" em direção ao precipício, sem saber que a queda seria feia. Para ser mais específico nas besteiras que estava cometendo, trago o exemplo das duas últimas negociações que fiz:

a. Comprei um contra-baixo SIRE V7 por R$ 7 mil e vendi por R$ 3 mil à vista.

b. Sem precisar de muitas contas, nota-se que eu cavava meu próprio prejuízo e isso foi virando uma bola de neve.

c. Comprei um baixo Fender Jazz Bass Delux por R$ 15 mil. Isso mesmo que você está lendo, R$ 15 mil parcelados em 10 vezes, e vendi na mesma semana que comprei por apenas R$ 5 mil, só para ter dinheiro para apostar.

d. E a minha situação foi ficando cada vez pior porque eu dava sempre um jeito de apostar e acabava perdendo, me afundando ainda mais em dívidas.

3. Eu não parava, achava que uma hora eu ia acertar nas apostas e conseguir mudar aquela situação. Então comecei a pegar cartões de crédito emprestado com pessoas que confiavam em mim. E eram valores altos!

Eu passava os valores na minha maquininha e continuava apostando sem responsabilidade nenhuma, caminhando cada vez em uma velocidade maior, só esperando os resultados que eu acreditava que seriam ao meu favor, mas que nunca iriam chegar. Acreditava que o próprio jogo que estava me colocando naquela situação uma hora mudaria a minha história. Então, fora os instrumentos que eu estava devendo, e já não tinha mais os valores para pagar, agora eu tinha cartões de crédito pendentes de 3 ou 4 pessoas.

4. Claro que ninguém nem imaginava o que estava se passando na minha vida... Mas alguns já desconfiavam pela minha forma de agir.

Eu estava tendo muitas crises de ansiedade, não conseguia mais dormir direito por conta das dívidas e mesmo assim não parava de jogar. Existiam alguns projetos e trabalhos em que eu era o responsável por contratar as pessoas que iriam trabalhar, consequentemente, os valores que eles receberiam passavam por mim. Eu emitia a nota fiscal e a empresa responsável pelo projeto me pagava, então eu fazia o pagamento da equipe em questão até que... tive a "brilhante ideia" de apostar o valor da galera que trabalhava comigo!

Isso começou a ser recorrente, eu acredito que as pessoas de certa forma já sabiam, mas nada falavam por consideração ao tempo que trabalhávamos juntos.

Comecei a gastar um dinheiro que não era meu e para repor novamente seria difícil demais, afinal eu já tinha as dívidas dos instrumentos e os cartões de crédito pendentes. Agora devia até às pessoas que trabalharam comigo. A empresa tinha pagado, mas eu havia gastado o valor de todos com apostas.

Cada dia que se passava eu me afundava mais e mais e parecia um precipício sem fim e, o pior, eu não tinha noção para onde minha vida estava se arrastando.

1. Analise, minha situação já estava bem complicada, não é? E nesse caos era difícil ter perspectiva de dias melhores. Assim eu fui levando, e por bastante tempo, até que tive outra "brilhante ideia": recorrer aos agiotas! Juro!

Eu estava todo errado e hoje reconheço isso, mesmo assim parecia que Deus tinha misericórdia e não deixava a bomba explodir. Eu não parava e Deus ia me dando corda, porém parece que quando me envolvi com agiotas senti que as coisas estariam caminhando para um caminho sem volta.

Para o primeiro agiota: eu pedi R$ 8 mil, e aí você me pergunta: Léo, pelo menos você recorreu ao agiota para pagar as pessoas que você estava devendo, correto? Infelizmente, não!

Envolvi-me com agiotas e perdi 90% do valor apostando. Eu não conseguia enxergar que enquanto eu apostava minha vida ia cada vez mais se arrastando para uma direção onde eu já não teria como voltar sem ter consequências severas.

Após perder os R$ 8 mil do agiota e continuar vivendo normal, mesmo com as pessoas me ligando, cobrando e pedindo satisfação dos valores delas, eu continuava postando *story* e publicando no Instagram como se tudo estivesse normal. Então conheci outro agiota...

Segundo agiota: os juros dele eram um pouco maiores, então resolvi pedir R$ 5 mil e assim eu continuava tendo dinheiro para apostar e me afundar ainda mais. Nem preciso falar que perdi esses R$ 5 mil em apostas, né?!

Minha vida estava uma loucura e ninguém sabia o que eu passava sozinho. Eu tinha pessoas para quem poderia contar minha situação, mas eu escondia e, às vezes, elas me perguntavam se eu estava bem. Claro que eu mentia! E assim seguiam os dias se passando...

Terceiro agiota: eu resolvi pegar um valor maior para pagar os outros dois agiotas e dever apenas um, para me livrar das ameaças e das ligações e mensagens que eles me mandavam, consumindo minha mente. Então consegui R$ 15 mil com esse último agiota, porém eu cometi outro erro, e esse começaria a levar a situação para um extremo surreal.

Peguei R$ 15 mil para pagar em poucos dias, mas eu tinha muitas pendências acumuladas. Eu fiquei emocionado quando os R$ 15 mil caíram em minha conta e, ao invés de pagar os outros agiotas, eu preferi apostar os R$ 15 mil em outra modalidade de apostas, "ODD 2", que oferecia a proposta de dobrar o valor sem muitos riscos. Para mim fazia sentido, eu conseguiria pagar todos os outros agiotas.

Farei uma breve explicação sobre o que é essa "ODD", para que você entenda melhor como funciona:

Em cada jogo de futebol você tem diversas opções para apostar: gol, cartão, escanteio... Porém cada uma dessas vai te dar uma "ODD", que corresponde ao valor em que seu dinheiro aplicado será multiplicado.

Exemplo:

Neste primeiro exemplo, sugeri que na partida sairiam 2 gols, ambos os times tomariam cartão e sairiam mais de 6 escanteios. Isso me daria uma "ODD" de 1.42 e colocando R$ 300,00 teria um retorno de R$ 428,57. Neste caso, ganharia R$ 128,57 mais o retorno do valor aplicado.

Neste segundo exemplo selecionei as mesmas opções, porém com o risco maior.

Observe o retorno... Lembrando que ambos os exemplos são das mesmas partidas.

Então, quanto maior a "ODD", maior o risco de perder, e eu precisava apenas de uma "ODD" de 2.0 para fazer com que os R$ 15 mil virassem R$ 30 mil. Juro! Eu queria muito que minha história mudasse nesse momento. Mas vocês sabem que nas apostas sempre vão existir riscos e, por menor que fosse o risco nessa modalidade de aposta, ainda existia. E eu acabei perdendo os R$ 15 mil.

Naquele momento eu pensava em mil coisas e ao mesmo tempo não conseguia pensar em nada.

Não consigo descrever a sensação, como foi desesperador viver tudo isso!

Eu apostava em duas plataformas, Betano e Bet 365. A Betano era a que eu mais usava, e eu perdi o acesso depois que perdi esses R$ 15 mil. Porém eu ainda continuei apostando mesmo após perder esse valor.

CAPÍTULO 5
MENTIRAS

Hoje eu acredito que Deus me deu várias oportunidades para mudar o cenário da minha vida, porém todas as vezes que Deus abria uma porta onde não tinha saída, eu a desperdiçava com mentiras, e o pior é que eu acreditava realmente que mentia por uma boa causa. Como você acompanhou anteriormente, eu pedia cartões emprestados para algumas pessoas e inventava uma história para consegui-los. Ninguém emprestaria o cartão se soubesse que era para fins de jogos, muito menos se imaginassem como realmente estava minha vida naquele exato momento.

Analisando minha trajetória, eu sempre fui uma pessoa que contou mentiras, acreditando que existia uma boa intenção por trás delas. Aprendi da pior forma que "a mentira resolve um momento e estraga uma vida inteira".

E eu estraguei não só minha vida como também amizades, destruí confiança e desapontei pessoas que acreditavam em mim. E assim todos que eu amava se afastaram.

Quando eu estava sozinho e sem ninguém para conversar ou me abrir, tive a ideia de escrever em um caderno as coisas que sentia para não guardar aquele sentimento de abandono dentro de mim.

Por mais que eu tivesse mentido para as pessoas e feito coisas que as afastaram de mim, eu acreditava que uma amizade sincera nunca viraria as costas para outra, principalmente em um momento tão delicado.

Em um determinado momento, pensei que tudo o que estava escrevendo pudesse virar um livro e, com isso, minha história pudesse mudar vidas ou incentivar as pessoas a não cometerem os mesmos erros que cometi. O primeiro título que dei a esse livro foi: **"Abandone as apostas ou tudo que você ama te abandonará"**. E por meses eu transferi toda a responsabilidade daquele momento ruim para as apostas, para que pudesse me sentir melhor e culpar meus amigos por se afastarem de mim.

Foi aí que Deus começou a ministrar em meu coração que minha história só seria de fato transformada quando eu entendesse que ninguém virou as costas para mim, ou me abandonou, e sim que minhas atitudes e escolhas me levaram a isso e me colocaram naquele momento. Foi então que entendi que...

EU ERA O ÚNICO RESPONSÁVEL.

A partir daí eu conseguiria mudar aquele cenário em que estava assumindo a responsabilidade pelos meus atos, indo ao encontro das consequências para voltar a direcionar minha vida para o caminho certo.

Por mais que eu soubesse que aquele processo seria demorado, eu precisava achar urgentemente a direção certa, e o tempo para mudar as coisas seria uma verdadeira escola para aprender a respeitar o **PROCESSO** das coisas.

Analisando tudo que passei, entendo o que está escrito lá em Hebreus 12:6:

"Porque o Senhor corrige aquele que ama e açoita a qualquer que recebe por filho.

Se suportais a correção, Deus vos trata como a filhos; porque, que filho há a quem o pai não corrija?".

Deus já tinha marcado um encontro comigo e com as consequências dos meus erros e escolhas, para que de fato eu pudesse viver o título do livro e entender que Deus nos ama e nos perdoa, mas jamais nos livrará das consequências dos nossos erros.

"O Senhor Deus é justo. Não gosta da maldade. Por isso, seja sábio. Abrace mais a bondade. Não beba injustiça.

Tenha sede de justiça. E semeie a verdade"[2].

E assim tive que arcar com todas as minhas escolhas.

---

[2] Autoria de Noélia Dantas (retirada do site O Pensador).

CAPÍTULO 6

COLHEITA

Antes de tomar algumas decisões, lembre-se de que você será refém das consequências que elas trarão. Para mim essa lei da colheita também funcionou, depois de tantas escolhas ruins chegou o momento de elas virem ao meu encontro.

Como todo o valor que entrava eu colocava em aposta, não estava conseguindo pagar as dívidas em aberto e a pior situação era lidar com os três agiotas, porque a cada atraso os juros dobravam, e claro que eu não daria conta de pagar naquele momento.

Um dos agiotas me colocou no PRAZO para pagar os R$ 8 mil que tinha perdido e eu não sabia o que fazer. A cada dia que passava, mais eu me desesperava e não conseguia dormir. Qualquer valor que entrava eu continuava perdendo, apostando.

Eu trabalhava em duas produtoras, onde cheguei com muito esforço e dedicação, e por escolhas minhas tudo isso estava prestes a ser perdido.

Todo prestígio, admiração e respeito! Hoje me arrependendo muito de ter feito isso, porém naquele momento valeria o risco só para me livrar do agiota.

Mandei mensagem para um dos meus chefes e pedi R$ 8 mil emprestado. Como eu falei, sempre que eu iria pedir algo eu nunca jogava limpo ou falava a verdade, eu sempre mentia e complicava mais a minha situação e naquele momento inventei que um avô meu estava precisando fazer uma cirurgia e o dinheiro seria para isso. Ele, em 15 minutos, me fez a transferência de R$ 8 mil.

Paguei um dos agiotas e fiquei com a dívida do meu chefe. Combinei uma data em que pagaria para ele. É o que eu disse anteriormente, a **MENTIRA** foi a pior escolha que fiz. Porque, pelo fato de eu pegar cartões e dinheiro emprestados, eu nunca falava a verdade e também não teria dinheiro para arcar quando a data do pagamento chegasse, não tinha o suficiente para pagar a demanda de valores em aberto.

Os dias foram se passando e aquela bola de neve aumentava cada vez mais, eu não tinha noção do tamanho do problema em que estava!

Chegou a semana de pagar meu patrão, e já que não tinha condições psicológicas para atuar com música, eu teria que devolver em dinheiro.

Não havia justificativas para mentir tão gravemente, eu também não tinha o direito de me vitimizar com as consequências, porque eu sei que eu merecia passar pelas coisas ruins, elas eram fruto das minhas escolhas. Então fiz uma das piores escolhas da minha vida, como não tinha o valor, mandei uma nova mensagem para o meu chefe falando que meu avô tinha falecido e o agradeci por ter me emprestado o dinheiro. Conhecendo o caráter dele, sabia que não me cobraria naquele momento, sabendo que eu estava de luto. Para reforçar a mentira que eu havia contado, coloquei uma foto informando luto no meu perfil.

Certamente Deus já estava decepcionado com as minhas decisões e dali para frente Ele não teria mais misericórdia.

CAPÍTULO 7

ARREPENDIMENTO

Acredite, eu me arrependo de tudo o que fiz e as consequências das minhas escolhas seriam um preço alto de mais a ser pago. Assumir isso aqui para você também não é fácil, mas eu sei que minha história ainda será exemplo, por mais que você chegue ao fundo do poço, permanecer lá é uma escolha sua, e eu hoje escolhi não estar mais nesse lugar e transformar minha vida. E que a minha história seja inspiração para quem está em algum problema difícil como o meu.

Todos nós cometemos erros na vida, com nossas falhas prejudicamos nossas relações com outras pessoas. Porém demonstrar-nos arrependidos pelo que fazemos é um dos primeiros passos para o perdão de quem machucamos.

O arrependimento não vai mudar o nosso passado, mas pode transformar o nosso futuro.

Aos amigos que desapontei e decepcionei, que vocês um dia consigam me perdoar. A maior tristeza da minha vida foi perder a confiança que vocês tinham por mim.

Pedir desculpas não é fácil, pois precisamos assumir um erro e esperar pelo perdão de outra pessoa. No entanto, por mais difícil que seja, é uma atitude importante para podermos seguir adiante.

CAPÍTULO 8
MENTIRA TEM PERNA CURTA

Minha situação com um dos agiotas estava muito complicada. Ele estava cansado de ouvir minhas promessas de pagamento não cumpridas.

Obs: a essa altura do campeonato eu não assumia mais responsabilidade alguma, nem de dar uma satisfação para as pessoas que eu devia. Assim, comprei um chip reserva para usar e deixava o meu celular desligado, já que devia dois agiotas, alguns instrumentos e cerca de quatro pessoas.

O agiota já estava cansado da minha situação, então ele me colocou no prazo. Como é a segunda vez que falo isso, permita-me explicar melhor...

Entrar no prazo é ter uma data para pagar e, se não pagar, medidas graves serão tomadas. No caso do agiota, eles tomariam algum bem meu ou passariam a dívida para alguém da família. E dizem que, em algumas ocasiões, a dívida pode custar a vida de alguém. Espero que você nunca passe por isso.

Então... entrei no prazo para uma segunda-feira.

CAPÍTULO 3
PIOR SEMANA DA MINHA VIDA

Eu não tinha de onde tirar o valor do agiota e, um dia antes de acabar o prazo, eu fui à porta de um amigo meu, falei que estava com uma grave doença e que precisava de um valor para fazer o tratamento. Ele ficou bastante tempo conversando comigo e me dando conselhos, acreditando no meu problema e me dando muita atenção e suporte. Já tinha pedido alguns valores anteriormente para ele e paguei, mas por serem recorrentes os meus pedidos com valores sempre altos, ele não me emprestou, apenas me deu R$ 300,00.

Você não tem noção de como me dói assumir isso publicamente, mas me dói ainda mais ter decepcionado alguém dessa forma.

Eu tinha que dar no mínimo R$ 4 mil para o agiota e naquele momento tinha apenas R$ 300,00.

A segunda-feira chegou e eu tinha até as 00h daquela noite para conseguir esse valor.

Fui muito cedo lá na Freguesia do Ó, onde eu trabalhava, na segunda produtora, e comecei a conversar com meu patrão. Usei a mesma mentira que já havia dado certo antes. Contei que meu avô estava ruim e que precisava de R$ 8 mil para fazer um exame. Ele iria me emprestar, porém teria que ser no cartão de crédito. Como eu tinha maquininha, não haveria problema algum. Ele me pediu um dia para pagar a fatura e liberar o limite de que eu precisava. Então fui embora, não dei satisfação para o agiota e desliguei meu celular pensando: "Na terça eu ligo o celular, invento algo e como estarei com o valor, ele não vai querer problema comigo".

Terça-feira, quando eu mandei mensagem para meu chefe com outro número que ninguém tinha acesso, perguntando sobre o cartão, o mundo iria cair a partir daquele momento e não teria mais volta. O meu chefe só mandou um *print* de uma conversa com meu outro chefe e eu jamais imaginaria que isso iria acontecer, que todas as minhas mentiras não iriam mais dar certo daquele momento em diante. Eu ainda tentei contornar a situação, mas não teria como escapar das consequências das minhas mentiras. Senti falta de ar ao me ver naquela situação e finalmente ver para onde essa história toda havia me levado.

Não sei nem explicar a sensação que foi viver aquele momento. Porém Deus já tinha dado um limite para mim e eu tinha ultrapassado há muito tempo. Aquela semana seria o momento em que tudo mudaria na minha vida, para sempre.

Mesmo em estado de choque eu tive a consciência de que naquele momento eu coloquei meu ministério da música no lixo, perdendo meus dois empregos ao mesmo tempo, e ainda tinha que lidar com o agiota, afinal, já tinha passado do prazo e eu não tinha dado satisfação alguma para ele.

Meu celular estava desligado e assim continuou, eu fui para a casa de uma amiga, onde ficaria a semana toda, sem falar com ninguém. Tirei esse momento para colocar a cabeça para pensar e decidir o que faria dali para frente. Essa seria a ideia! Passou a terça, a quarta, e na quinta-feira descobri que minha família e meus amigos estavam desesperados atrás de mim e tinham até feito cartaz de **DESAPARECIMENTO** para postar na internet.

A MENTIRA TEM PERNA CURTA, SABIA?
UM DIA A VERDADE VIRÁ À TONA!
PENSE NISSO...

Quando soube que as pessoas estavam achando que algo ruim teria acontecido comigo, resolvi ligar meu celular, mas ainda não tinha noção das coisas que tinham acontecido enquanto ele estava desligado.

Seguindo à risca a frase em destaque, a **verdade vem à tona** para todos os envolvidos, inclusive para quem eu devia e passei tanto tempo mentindo. Todos ficaram sabendo das mentiras porque a informação foi compartilhada em alta velocidade e, no caso de notícias ruins, correm ainda mais rápido. Naquele momento não tinha justificativa para minhas escolhas, a não ser aceitar a situação e ir ao encontro das consequências.

Vi pessoas que nada a ver com a situação rindo da minha história e do estado que eu havia chegado, muitas delas eu já havia ajudado, porém para todos era mais fácil esquecer as coisas boas que eu tinha feito e focar naqueles dois anos em que destruí a minha vida dia após dia.

CAPÍTULO 10
FUNDO DO POÇO

Acredito que nessa essa altura do livro você está se perguntando: "O que leva uma pessoa escrever os seus erros em um livro e publicá-lo para que outras pessoas vejam?".

E eu respondo que, depois de tudo o que vivi, posso dizer com clareza que o fundo do poço é o melhor lugar para se estar quando você não leva uma vida de propósito e bom caráter. E isso não é sobre religião, e sim sobre consequências das nossas escolhas e ações, somos reflexo e reféns delas.

Isso alegra ou preocupa você? Ou, igual a mim, você ainda nem se deu conta disso e vai notar tarde demais, no **FUNDO DO POÇO?** Convenhamos que este livro não é apenas sobre mim ou sobre as coisas que fiz durante minha vida, isso já foi feito e acredite, estou pagando por cada escolha e erro que cometi. Entender isso foi a única forma de agradecer a Deus por me permitir chegar ao fundo do poço, com a possibilidade de crescer, aprender, reconhecer e entender que **SOU O ÚNICO RESPONSÁVEL** pelas coisas que eu fiz.

Coisas desse tipo são mais comuns do que se imagina, infelizmente. Mas daqui para frente viverei coisas maravilhosas, e você será testemunha disso.

Faça essa autoanálise urgentemente e seja sincero com você mesmo. A vida que você leva está caminhando para o que você realmente quer viver?! Porque, se não estiver, você está errando em algo, mas ainda há tempo de reconhecer e vencer isso que está o prejudicando.

Eu acredito que nada é capaz de parar uma pessoa determinada. Só existe uma pessoa capaz de limitar seu próprio crescimento: você mesmo!

Você é a única pessoa que pode fazer uma revolução em sua própria vida. Mas também é a única pessoa que pode prejudicar a si mesma se não refletir atitudes e escolhas. É dentro do seu coração que você vai encontrar a energia necessária para transformar a sua vida. O processo nem sempre é fácil, mas no final, quando tudo isso passar, você vai olhar para trás e admirar sua evolução.

Você vai perceber que Deus estava cuidando de cada detalhe, o propósito de Deus é lindo em sua vida.

CAPÍTULO 11
RECOMEÇOS

Como é bom recomeçar! Só recomeça quem se deu conta de que errou, falhou, e caiu.

Saiba que daqui para frente mudanças pontuais serão cruciais para que você viva um novo tempo. Ninguém nasce sabendo, por mais que nossos erros sejam grandes e com consequências pesadas, a única pessoa que poderia julgá-lo escolheu amá-lo. O amor de Deus é algo tão incrível que Ele nunca vai nos abandonar. Ele jamais vai nos isentar das consequências dos nossos erros, mas estará sempre presente em cada detalhe, cuidando e dando força e resiliência para continuarmos nossa caminhada de onde paramos, só que agora com mais experiência.

Não se cobre a ponto de deixar os seus erros o paralisarem, recomece quantas vezes forem necessárias, você é um ser humano e está fadado a falhar e errar.

RESPIRE!

REPENSE!

REAJUSTE!

RECOMECE!

Alguns planos dão errado. Algumas pessoas vão embora, mesmo quando desejamos muito que elas fiquem.

Tragédias acontecem, alguns sonhos podem não se realizar e podemos questionar os motivos, nos revoltar, culpar os outros, nos culpar ou entrar em estado de negação, mas nada disso pode mudar o que já aconteceu, o que já está feito.

A nós cabe apenas enfrentar o medo e a dor que essas coisas nos causam, mas devemos RECOMEÇAR, RECONSTRUIR E RENASCER DAS CINZAS.

Nunca será sobre erro, e sim sobre o que faremos quando as consequências deles chegarem.

PERDOE-SE E RECOMECE.

CAPÍTULO 12
EXPERIÊNCIAS COM DEUS

Como eu estava ansioso para escrever este capítulo!

Analisando todas as consequências que meus erros me trouxeram e a quantidade de coisas que perdi, hoje meu coração se alegra de uma forma enorme em saber que ganhei algo que, comparado a todas as coisas que perdi, torna-se nada.

Mesmo na igreja "desde o berço" e fazendo vários trabalhos com artistas do gospel, nunca vivi experiências com Deus até o determinado momento em que perdi tudo e a única opção era recorrer a Ele. E mesmo eu só procurando a Deus por estar naquela situação, Ele não me rejeitou nem virou as costas para mim, muito pelo contrário, Ele se fez presente em todos os dias na minha vida e me fez forte para vencer aquilo que me trazia angústia, ansiedade, dor e desespero.

"Antes eu o conhecia só de ouvir falar, hoje o conheço de viver experiências com Ele" (Jó 42:5), e saber que Ele esteve presente em todos os momentos da minha vida, mesmo sem eu merecer.

Novamente, não é apenas sobre mim este livro, e sim sobre um canal para lembrá-lo que você tem um Deus especialista em nos surpreender. Muitas vezes em nossa mente damos muita ênfase para a grandeza dos problemas, diagnósticos, situações e nos esquecemos da GRANDEZA DE DEUS.

ELE É DEUS.

Hoje eu peço para você entregar seus medos, traumas, insegurança, ansiedade, angústia e preocupação nas mãos de quem pode de fato mudar o cenário da sua vida. Entregue, confie e descanse seu coração. PORÉM NÃO ESQUEÇA DE FAZER A SUA PARTE.

"Entregue os seus problemas ao SENHOR, e ele o ajudará; ele nunca deixa que fracasse a pessoa que lhe obedece" (Salmos 55:22).

Esse versículo transmite uma mensagem de confiança e fé em Deus. Ele nos ensina que, quando entregamos nossos problemas ao Senhor, Ele nos ajuda e nunca nos deixa fracassar.

Primeira experiência: com as minhas finanças no vermelho, eu precisava trabalhar muito para voltar a respirar, e a Uber foi uma grande porta de saída que Deus abriu para mim naquele momento!

E qual foi o milagre?!

Devido à minha situação, meu carro, que na época era um HB20, estava em situação de busca e apreensão e com IPVA 2021 e 2022 vencidos. A chance de usá-lo para trabalhar era zero. O aplicativo da Uber é muito rigoroso quanto a isso e a empresa pede sempre para atualizar o cadastro. Mas eu não tinha nada mais a perder naquele momento e minha única escolha era tentar trabalhar com o carro nessa situação. Acreditem, Deus entrou em ação e consegui trabalhar durante sete meses. Deus foi muito maravilhoso comigo naquele momento, principalmente por me livrar das blitz, porque se eu fosse parado, meu carro seria apreendido.

Eu sinceramente, até hoje, sei que foi Deus! E não tenho palavras para agradecer por Ele ter me dado essa oportunidade de começar a trabalhar naquele momento com aquele carro.

Segunda experiência: eu estava trabalhando bastante para cumprir os compromissos mensais, que eram muitos, e na última semana do mês trabalhei por 12h seguidas todos os dias para tentar fechar o mês, a fim de não levar contas de uma mês para o outro. Por elas serem altas, sabia que se levasse, dificilmente conseguiria me organizar e ter perspectiva de dias melhores para seguir adiante.

Passaram-se os sete dias e infelizmente todo o meu esforço não estava sendo suficiente. E faz sentido, eram anos sem uma gestão financeira que não seriam resolvidos assim tão rápido.

Cheguei em casa esgotado com a demanda de trabalho da semana e fui fazer a soma dos valores para saber como iria iniciar o mês seguinte. Mesmo me enforcando ficou em aberto um valor de R$ 3.658,00. Meu coração se entristeceu de uma forma que eu chorava bastante, mesmo que eu soubesse que minhas atitudes me levaram a essa situação, eu queria ter forças para sair e não desistir por não estar conseguindo sozinho.

Já contei que existe alguém que é especialista em nos surpreender e abrir portas onde nem parede tem?! Então, nunca permita que alguém diminua seus sonhos ou determine que você não é capaz ou que a luta que você está enfrentando é maior que o Deus a quem você serve.

Terceira experiência: eu sei que o medo nos faz ficar apreensivos e por muitas vezes desacreditamos que Deus irá nos ajudar, somos humanos e temos nossas fraquezas, e comigo não foi diferente.

Mas quero dizer que não existe impossível para Deus, nem mesmo circunstâncias irreversíveis, porque é nesse exato momento em que você não vê probabilidade de dias melhores que Ele vem com a solução para mostrar que Ele é Deus.

Trago comigo um versículo que faz muito sentido para a minha história: *"O choro pode durar uma noite, mas a alegria vem pela manhã"* (Salmos 30:5).

Dormi aquela noite e quando acordei fui surpreendido com uma mensagem da Uber dizendo que em minha conta de motorista tinha um empréstimo aprovado e, se eu quisesse, o valor estaria disponível em 12 horas. Eu não tive reação porque o valor era praticamente o quanto estava em aberto no meu orçamento, com certeza iria me ajudar muito.

Uma observação importante é que meu nome estava com restrição e o carro em busca e apreensão. Qual banco emprestaria um valor para mim nessa situação? Eu também não conheço, mas eu conheço alguém que faz o impossível na nossa vida para entendermos que com Ele em nosso barco, pode vir a tempestade que for, por mais que você duvide que seu barco tenha capacidade para suportar as adversidades da vida, ele está nas mãos de quem nunca o esqueceu e não há nada impossível para Ele.

Hoje sou grato por estar escrevendo este texto, faltando apenas uma parcela para quitar esse empréstimo que Deus providenciou para mim em um momento muito crucial e importante.

Eu poderia passar dias escrevendo o quanto Deus é bom em minha vida e o quanto Ele me deu força todos os dias para me levantar e me reerguer diante dos obstáculos, porém quero lembrá-lo de que não é apenas sobre o que vivi com Ele, e sim sobre o que você também pode viver.

Você, que está lendo isto, eu não sei do seu momento nem das adversidades e do tamanho do gigante que está enfrentando, mas tem alguém que sabe! E esse alguém convida você a confiar e descansar nEle nesse seu momento e viver o extraordinário em sua vida, assim como eu vivi.

Porque no meu pior momento, quando os amigos se afastaram e eu não tinha nada para oferecer, Ele me estendeu a mão para me dizer o quanto eu tinha valor para Ele. E tenho certeza de que você também tem.

Nunca esqueça o quanto você é amado e que esse momento na sua vida é apenas para aproximá-lo do propósito lindo que Deus tem para você.

CAPÍTULO 13
APRENDIZADO

Errei, e as consequências dos meus erros foram dolorosas. Decepcionei pessoas que confiaram e acreditaram em mim, fechei portas que sei que só foram abertas pela Sua infinita misericórdia, porque, de fato, eu não merecia. Perdi bens materiais que lutei bastante para adquirir e sem reação alguma os vi escapando entre meus dedos. Vivi os piores dias, semanas e meses da minha vida, e tudo isso foi consequência das minhas escolhas. Não sou vítima e ninguém errou comigo, eu simplesmente errei e essas foram as consequências.

Mas a vida é assim: errar, cair, falhar, aprender com os erros e se tornar alguém melhor.

Quem pode nos julgar escolheu nos amar e aí está a maior lição da vida. A partir do momento em que nos sentimos no direito de julgar ou condenar alguém, também poderemos ser julgados.

Somos todos propícios ao erro. Mas a melhor virtude do erro está em aprender com ele, e assim nos tornamos pessoas melhores. Comigo não foi diferente.

Para você que errou e acha que seu caminho está fadado a falhar e ser norteado por julgamentos, levante a cabeça! Os seus erros não podem determinar a sua história! Mas para isso você precisa levantar sua cabeça, aprender com os erros e entender que tudo que vivemos é consequência das nossas ações e escolhas.

Novamente reconheço que errei, mas me recuso a permanecer no erro e deixar minhas falhas escreverem a minha história.

Somos muito melhores e maiores do que isso.

EU SOU O ÚNICO RESPONSÁVEL

E por isso aprendo a cada dia com os meus erros me tornando quem eu nasci para ser. Se eu posso, você também pode!

CAPÍTULO 14

NÃO TENHA DÚVIDAS, VAI VALER A PENA!

Para você que chegou até aqui, espero que, por meio deste livro, você tenha percebido o quanto Deus é bom e está sempre de braços abertos, pronto não apenas para nos corrigir, mas também para nos ensinar que, independentemente dos erros cometidos, sempre podemos recomeçar e seguir em frente.

Este capítulo está sendo escrito um ano após o início do livro e alguns meses depois de sua conclusão. Quero afirmar que vale muito a pena entender que, em Deus, já somos mais que vencedores. Meu coração se encheu de alegria ao reler este livro e lembrar do processo que vivi — de muita luta, choro e desespero. Contudo, é notório que em todos os momentos Deus esteve presente, me ajudando a compreender que era possível seguir em frente. Este livro só fará sentido se você entender que nada é capaz de paralisar aquilo que Deus já determinou em sua vida.

Desde o término do livro até este capítulo, Deus realizou ainda mais coisas incríveis em minha vida, e quero compartilhar uma delas com você.

O ano de 2023 ficará marcado para sempre na minha vida, não apenas pelas batalhas que enfrentei, mas também pelas experiências incríveis que vivi com Aquele que me criou.

Grave isto em sua mente: tudo o que colocamos nas mãos de Deus em oração tem solução, tem saída e tem resposta.

Sou prova viva disso e espero que esta parte do livro desperte em você o desejo de viver uma intimidade com Deus, a ponto de compreender que, mesmo quando parece que não temos nada, se estivermos firmes nEle, já temos tudo.

Para mostrar como Deus é detalhista, quero contar um episódio que aconteceu em 27 de setembro de 2023. Naquele dia, eu estava trabalhando como motorista de aplicativo e precisava juntar uma quantia significativa até a meia-noite. Saí cedo para trabalhar, mas, por mais que me esforçasse, minhas contas continuavam altas e eu estava à beira de desistir. Deus já estava mudando a minha vida, mas Ele queria que eu vivesse experiências ainda mais profundas com Ele. Naquele dia, mentalmente exausto, questionei a Deus: "Se o Senhor me ama tanto, por que permitiu que eu chegasse a essa situação?".

Como já mencionei, Deus não nos isenta das consequências de nossos atos, mas, se vivermos o perdão genuíno, experimentaremos Sua graça e sentiremos Sua presença em todos os momentos.

Já havia testemunhado muitas coisas incríveis em minha vida, mas aquele dia seria diferente, uma experiência única. Por volta das 19h, o aplicativo da Uber tocou e fui buscar um passageiro chamado Jimmy. Ele entrou no carro radiante, falando sobre como Deus havia transformado sua vida. Enquanto eu o ouvia, me perguntava se um dia teria a mesma convicção para falar de Deus como ele falava comigo. Contudo, minha mente estava preocupada com o valor que eu precisava pagar até o fim do dia. Antes de finalizar a corrida, Jimmy colocou a mão no meu ombro e disse: "Léo, Deus te ama tanto que me enviou para te dizer que Ele vai mudar sua vida. Não duvide: é Deus falando com você". E então ele fez uma transferência via Pix para mim. Naquele momento comecei a chorar e Jimmy, sendo usado por Deus, ministrou ao meu coração.

Ao final da corrida, Jimmy desembarcou na Igreja Plenitude. Quando olhei o valor que ele havia depositado, era exatamente o que eu precisava pagar naquele dia. Chorando de alegria e gratidão a Deus, fui embora sem saber mais nada sobre Jimmy, apenas o histórico da corrida e o comprovante do pagamento. Aquela experiência aumentou ainda mais meu desejo de buscar a Deus e mudar minha vida, para que as cicatrizes adquiridas no percurso sirvam apenas para engrandecer Seu nome.

Aquilo que causa vergonha, Deus pode transformar em testemunho.

Seis meses depois desse episódio, ainda lutando para voltar mais forte, meu aplicativo tocou novamente e peguei uma passageira. Ao chegar ao destino, percebi que era o mesmo local onde havia deixado Jimmy meses atrás. Meu coração se encheu de alegria ao lembrar do episódio. Perguntei à passageira se ela estava indo à Igreja Plenitude e ela confirmou. Então, perguntei se ela conhecia alguém chamado Jimmy. Ela disse que acreditava que sim, mas não tinha certeza se era a mesma pessoa de quem eu estava falando. Expliquei a ela como minha vida foi transformada por meio daquela corrida e ela se ofereceu para tentar me ajudar a entrar em contato com ele.

Por semanas tentei entrar em contato, mas sem sucesso. Com o passar do tempo, comecei a acreditar que nunca mais falaria com Jimmy. Mas Deus é incrível e nada foge do controle dEle.

Em setembro de 2024, para minha surpresa, Jimmy me mandou uma mensagem! Além disso, ele me presenteou com um retiro chamado Encontro com Deus. Ele me lembrou do quanto Deus me ama e pagou para que eu participasse desse retiro, onde pude conhecer ainda mais profundamente Aquele que me criou. Sem dúvida, foi uma das melhores experiências da minha vida. Um ano depois daquela corrida com Jimmy, eu vivi algo extraordinário. Para finalizar o final de semana, ganhei um lembrete dele:

Fala, Leo!

Cara, faz exatamente um ano que nos conhecemos naquela corrida de Uber. Fico feliz que Deus me usou pra entregar uma mensagem que Ele colocou no meu coração pra você. E mesmo que eu não lembre exatamente o que eu disse, o mais importante é que aquilo tocou o seu coração e foi parte da transformação que você viveu depois.

É incrível ver como, em um ano, a sua vida mudou tanto. Você encontrou Cristo e o amor d'Ele te alcançou de uma forma especial. Eu fico muito feliz de ter feito parte dessa jornada de alguma forma e de ver o quanto você tem crescido e se desenvolvido nesse caminho.

O progresso que você fez é inspirador, mano. Saber que você tá escrevendo um livro, criando músicas e louvores, e que, acima de tudo, Deus tá usando você pra transformar vidas... Cara, isso é grandioso demais! Assim como Deus me usou pra tocar a sua vida, agora é a sua vez de fazer isso com tantas outras pessoas. E eu sei que Ele tá pegando aquele momento difícil que você passou e transformando em algo que vai trazer esperança e cura pra quem precisa.

Continue firme nessa caminhada, porque Deus tem planos incríveis pra você. Tô aqui, torcendo muito e orgulhoso de tudo que você tá fazendo e do homem que você se tornou.

Que Ele te abençoe e guie em cada passo dessa jornada. E que seu testemunho salve muitas vidas perdidas.

Forte Abraço. - Jimmy Wesley

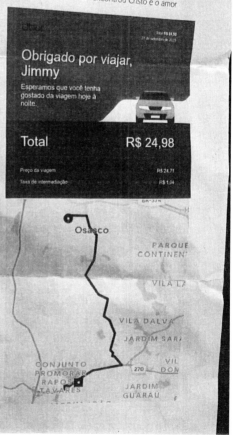

Deus é especialista em detalhes. Ele não quer apenas transformar sua vida; Ele quer viver um relacionamento íntimo com você. O Espírito Santo deseja habitar em você a ponto de nunca mais querer passar um dia sequer longe da presença dEle. E essa presença será uma semente plantada para dar frutos em outras vidas.

Assim como Jimmy um dia plantou uma semente em minha vida, hoje eu quero não apenas fazer o mesmo, mas viver esse relacionamento com Cristo.

Quero agradecer a Deus pela oportunidade de viver esse amor imensurável e de dizer que agora eu conheço Cristo não apenas de ouvir falar, mas de ter experiências reais com Ele. Este livro não poderia terminar de outra forma senão dizendo o quanto eu O amo e sou grato por ter perdido tudo para, no final, ganhar aquilo de que realmente preciso: Sua presença. Sou o único responsável e quero ser o responsável por nunca mais me afastar de Sua presença. Se fosse necessário passar por todo esse pesadelo novamente para, no fim, sentir Seu amor e cuidado, eu estaria pronto.

AMO-TE, JESUS.